© 2005 by bohem press, Zürich
Alle Rechte vorbehalten
Druck und Fotolitho: Se. Graf., Saonara
Bindung: Legatoria Zanardi, Padova

ISBN 3-85581-428-7

Weihnachten der Tiere

Eine Geschichte von Ladislav Pavlík
mit Bildern von Dubravka Kolanović

bohem press

Der Fuchs schleicht vorsichtig zum Haus des Försters.
Was er dort entdeckt, überrascht ihn.
Er vergisst seinen Hunger, die Hühner und ihre Eier.
Er spitzt die Ohren, um zu hören, was da
drinnen vor sich geht.

Der Förster stellt im Esszimmer eine Tanne in einen
Ständer. Leopold, sein Sohn, hängt glänzende Kugeln,
rote Äpfel und Gebäck an die Äste, dann steckt er Kerzen
auf die Zweige.
«Papa, wann kommt endlich das Christkind?», fragt Leopold.
«Bald. Die Mama kocht schon das Festessen. Bestimmt wird
dir das Christkind wieder Geschenke bringen.»

Ein Christkind, das Geschenke bringt, ein Festessen!
Was bedeutet das?, fragt sich der Fuchs.

Der Fuchs eilt zur Eule: «Hör zu, kluge Eule, ich war gerade beim Förster ...»
Die Eule nickt verständnisvoll und rollt mit den Augen – was sie immer tut, wenn sie schon Bescheid weiß: «Das Christkind ist der Sohn Gottes. Die Menschen feiern an Weihnachten seinen Geburtstag. Die Kinder glauben, es bringt Geschenke. Und wenn man etwas fest glaubt, geht es auch in Erfüllung», erklärt sie.

Die neugierige Meise hat zugehört: «Ich glaube es, ich glaube es – ich bekomme Geschenke!» Sie schreit so laut, dass auch der Dachs aufmerksam wird.

Auch das Reh hat zugehört. Aber ängstlich, wie Rehe sind, macht es sich sofort viele Sorgen: «Wie erfährt das Christkind eigentlich, dass es uns gibt, wie wird es uns beschenken können, es kann doch nicht wissen, was wir brauchen ...»
Die Eule erwidert bestimmt: «Wir brauchen einen Christbaum, die Vögel werden singen, dann merkt das Christkind, dass wir auch Weihnachten feiern.»

Und sogleich beginnen auch sie, eine Tanne zu schmücken.
Alle Tiere helfen mit. Die Meise findet eine rote Schleife
und fliegt damit rund um die Tanne.
Das Eichhörnchen verteilt Nüsse auf den Ästen. Das Reh
stellt sich sogar auf die Hinterbeine, um zu helfen.
Die Eule zupft sich ein paar Federn aus ihrem schönen
Federkleid und legt sie behutsam auf die Zweige.

Da kommt der Dachs herbei. Ganz langsam, so
gemächlich wie Dachse sind, sagt er:
«Das Christkind wird sowieso andere Sorgen haben,
als sich um uns Tiere aus dem Wald zu kümmern.
Aber trotzdem bringe ich ein Stückchen Moos,
das Reh kann es da oder dort hinlegen.»

Plötzlich nähern sich zwei Äpfel, darunter sieht man
eine Menge Stacheln: Es ist der Igel. «Meine Vorräte
sind nicht sehr groß, und der Winter liegt noch vor uns,
aber wenn ich jemandem mit den Äpfeln eine Freude
machen kann, dann tue ich das sehr gern.»

Was bewegt sich am Waldrand? Es ist der Hirsch.
Niemand hat ihn gern, und er mag auch niemanden.
Und an Geschenke zu denken ist lächerlich.
«Was wollen die da machen, einen Christbaum
schmücken? Ich brauche keine Geschenke.
Wenn ich Hunger habe, grabe ich auch unter der
dicksten Schneedecke immer etwas aus.»

Der Waldchristbaum ist fertig. Es beginnt zu schneien.
Da kommt der Dachs, und hinter ihm der Hirsch.
«Der Hirsch will auch dabei sein, ich hab ihn überredet.
Heute gibt es keinen Streit», sagt er. Der Hirsch brummt
vor sich hin: «Na ja, wir wollen es ausprobieren.
Aber gern habe ich niemanden.»
Plötzlich erklingt eine liebliche Musik.
Sie scheint vom Forsthaus zu kommen.

Die Tiere nähern sich. Der Weihnachtsbaum ist hell
erleuchtet, und die ganze Familie singt Weihnachtslieder.
Alle freuen sich über ihre Geschenke.

Wird für uns auch etwas übrig bleiben?,
fragt sich der Fuchs.

«Und jetzt müssen wir in den Wald, auch die Tiere
warten auf ihre Geschenke.»
Der Vater findet für jedes Tier einen Leckerbissen:
Heu für die Hasen, für die Rehe und auch
für den Hirsch. Für den Igel Kartoffelschalen und Äpfel.
Für die Vögel Körner und für die Eichhörnchen
Nüsse. Für die Füchse Eier und für den Dachs
grüne Salatblätter.

«Aber Papa», bemerkt Leopold, «das bringst du den
Tieren doch fast täglich in den Wald!»
«So ist es. Die Geschenke verteilt man aus Liebe,
und nicht nur einmal im Jahr.
So wollte es sicher auch unser Christkind.»